ANNALES DU MUSÉE GUIMET

REVUE
DE
L'HISTOIRE DES RELIGIONS

PUBLIÉE SOUS LA DIRECTION DE

M. JEAN RÉVILLE

AVEC LE CONCOURS DE

MM. E. AMÉLINEAU, A. BARTH, R. BASSET, A. BOUCHÉ-LECLERCQ, J.-B.
CHABOT, E. CHAVANNES, E. DE FAYE, G. FOUCART, A. FOUCHER, Comte
GOBLET D'ALVIELLA, I. GOLDZIHER, L. LÉGER, Israël LÉVI, Sylvain
LÉVI, G. MASPERO, Ed. MONTET, P. OLTRAMARE, F. PICAVET, C. PIE-
PENBRING, M. REVON, J. TOUTAIN, etc.

Secrétaire de la Rédaction : M. Paul ALPHANDÉRY.

Georges RAYNAUD

TLALOC
*Le Dieu Mexicain des Eaux et des
Points Cardinaux*
ET SON CORRESPONDANT MAYA

PARIS

ERNEST LEROUX, ÉDITEUR

28, RUE BONAPARTE (VIe)

1907

TLALOC

ET SON CORRESPONDANT MAYA

———

Tlaloc est une des plus grandes divinités de la Moyenne-Amérique précolombienne, la plus grande peut-être[1]. Ce dieu était, nous disent les auteurs du xvie siècle, « très estimé, très populaire », dans tout le Mexique propre. En outre, dans les trois codices de l'Amérique Centrale, un dieu est si fréquemment représenté, a une importance telle que certains écrivains modernes, se trompant sur son nom, ont cru pouvoir appeler l'un de ces manuscrits, le Codex Dresdensis, le Livre de Quetzalcohuatl. Or ce prétendu Quetzalcohuatl, qu'on aurait dû tout au moins désigner sous son nom maya Kukulkan, n'est autre qu'une légère transformation yucatèque de Tlaloc. J'ai eu tout récemment le plaisir de découvrir : 1° son image, 2° son nom, 3° la signification de ce nom, 4° son signe. Son image nous montre, ce que nous pouvions déjà soupçonner par le mythe Quetzalcohuatl-Kukulkan-Gukumatz, que d'importantes relations unissaient, dans les grandes lignes tout au moins, les panthéons du Mexique et ceux de l'Amérique Centrale. De cette parenté, beaucoup plus étroite qu'un simple parallélisme, nous pouvons espérer trouver d'autres témoignages à propos d'autres divinités d'un caractère aussi élémentaire que Tlaloc.

Des montagnes sourdent les rivières qui apportent l'abondance. Des nuées jaillissent les pluies qui fertilisent la terre. Les montagnes d'une certaine hauteur sont entourées de nuées. Ceci a suffi à l'homme primitif pour être convaincu

———

1) Nous connaissons les divinités de la Moyenne-Amérique précolombienne non d'après leur importance propre mais d'après l'importance politique de leurs adorateurs.

2) Cf. G. Raynaud, *Tlaloc et Bacab*, plaquette autographiée.

que les montagnes donnent naissance non seulement à toutes
les eaux terrestres, du maigre ruisselet au fleuve impétueux,
mais aussi aux eaux du ciel, aux pluies. Sans ces eaux il ne
peut vivre, même lorsqu'il n'est encore que pêcheur ou chas-
seur; pour l'agriculteur, d'autant plus rudimentaires que
soient ses procédés, le manque ou l'abondance d'eau signi-
fient mort ou vie. Il associera donc les monts et les eaux aux
moyens de subsistance.

Les vents amènent les pluies, « balaient » le chemin devant
elles, et, suivant le point du monde où ils prennent naissance,
les orages sont dévastateurs ou bienfaisants. Les points cardinaux durent donc être associés de bonne heure aux eaux
et aux monts et, avec les points cardinaux[1], lorsque se préci-
sèrent par des symboles les rêveries cosmogoniques, la croix
et son dérivé mystique, l'arbre de vie[2]. Plus tard, partageant
la vie d'outre-tombe entre les trois mondes, le Moyen-Amé-
ricain attribua tout naturellement au dieu des monts, des
eaux terrestres, des eaux célestes, des moyens de subsistance
et des quatre points cardinaux, le gouvernement du pays d'au-
delà situé sur notre terre. Ce dieu, Tlaloc, conserva ce mul-
tiple caractère. Des divinités spéciales de la terre ou de l'eau
purent être adorées, mais lui, bien que certains manuscrits
mexicains nous le montrent surtout comme dieu de la pluie,
resta toujours dieu terrestre de l'eau, fut toujours en intimes
rapports avec le poisson-terre Cipactli.

Origines.

Certes par certains côtés, les uns primitifs, les autres
acquis, de sa nature et surtout de son histoire, le grand et
ancien dieu commun à presque tous les panthéons de la
Moyenne-Amérique précolombienne et que nous désignons
en général sous trois noms identiques de sens, Quetzalcohuatl,

1) De l'est viennent, au Mexique, le vent alizé et la pluie bienfaisante; là aussi
naît le soleil. De là très probablement le caractère solaire du dieu du vent ; de
là sûrement l'importance de l'orient.

2) Cf. G. Raynaud, *Les nombres sacrés et les signes cruciformes.*

Kukulkan, Gukumatz, se rattache quelque peu à la famille des divinités lumineuses, solaires. Cependant son principal rôle étant de commander aux vents et par suite aux quatre points cardinaux[1] et à leur symbole, la croix, il est naturellement très proche parent du dieu des pluies qui lui aussi est régent des quatre directions du monde. Suivant l'expression de Sahagun, Quetzalcohuatl[2] « balaie » les routes de l'espace que doit parcourir le Maître des eaux célestes. Ces deux divinités ont donc de nombreux attributs et symboles communs, tels que le serpent-éclair, la hache, et les insignes de la fonction sacerdotale (la bourse à copal et les instruments de mortifications sanglantes : l'épine d'agave et la pointe en os). Si Tlaloc, dieu des pluies, a pour empire l'un des trois principaux lieux d'outre-tombe, celui qui est situé sur la terre ou dans les cieux peu élevés et dans lequel l'autre vie s'écoule au milieu des plaisirs, Quetzalcohuatl fut le roi d'un autre paradis terrestre qu'habitèrent les mythiques aïeux de l'âge d'or. Ce fait et beaucoup d'autres encore semblent prouver que, bien que l'antiquité et l'expansion de leurs cultes fussent peut-être égales, ces deux divinités n'appartenaient pas primitivement aux mêmes peuples, aux mêmes civilisations.

Chose fort remarquable, l'histoire de Tlaloc ne contient que peu de traces de luttes contre d'autres divinités. Tezcatlipoca lui-même, le plus agressif des dieux de l'Olympe mexicain, celui qui fit à Quetzalcohuatl une guerre acharnée[3], enlève à Tlaloc sa première femme et l'époux volé se remarie sans plus de querelle.

D'ailleurs on croit savoir que Tezcatlipoca fut d'abord un dieu des Tlapaneca[4].

1) On l'appelle parfois *Nahui Ehecatl* (sous-entendu *Teotl*) « (dieu des) quatre vents ».

2) Plus exactement une de ses formes, *Nahui Ehecatl*.

3) Cette guerre, comme bien d'autres du même genre, a certainement un caractère mythique des plus accentués, mais on pourrait néanmoins y retrouver aussi un fonds historique, le souvenir d'une lutte féroce entre deux religions profondément rivales.

4) Cela est-il bien certain? Voyons. On nous dit que les Tlapaneca, dont on

Sans entrer plus avant dans les détails, je crois pouvoir dire que Tlaloc est un des plus anciens dieux du Mexique central, antérieur aux temps historiques, adoré par les premières tribus qui, dans ce pays à la végétation luxuriante et aux saisons tantôt très sèches, tantôt très pluvieuses, demandèrent à la terre un supplément aux moyens de subsistance que leur avaient jusqu'alors fournis la pêche et la chasse. Tlaloc,

traduit le nom par « hommes rouges » (Sahagun dit : « hommes teints en ocre rouge, parce qu'ils se maquillaient avec cette couleur ») avaient une vénération toute particulière pour Tlatlauhqui Tezcatlipoca « (le dieu du) Rouge Brillant Miroir, du Soleil », et que ces peuples l'avaient choisi à cause de leur épithète commune. De plus, on fait remarquer que l'un des édifices du grand temple de Mexico (et ses deux annexes : le calmecac et le tzompantli) portaient le nom de Yopico, ce que l'on traduit par « lieu des Yopi » ; or les adorateurs du Rouge Tezcatlipoca s'appelaient, dit Sahagun, Yopime Tlapaneca. A cela je répondrai : 1° *tlapaneca* signifie simplement « les hommes teints » ou peut-être « les teinturiers » (cette industrie spéciale pourrait expliquer l'épithète de riches que leur applique Sahagun), du verbe *tlapani* (« quebrarse algo, o el tintorero que tiñe paños. Pre. otlapan », dit Molina en son Dictionnaire), sans que la couleur rouge soit plus spécialement précisée ; 2° se teindre en rouge était et est chose fort commune pour l'indigène américain ; 3° l'adoption d'un dieu par un peuple ne prouve aucunement que ce peuple ait inventé ce dieu ; 4° Yopico était aussi le nom de l'un des vingt quartiers de Mexico, et il est peu probable que les Azteca eussent choisi pour désigner un de leurs *barrios* le nom d'un peuple parlant, dit Sahagun, une langue différente de la leur ; 5° Yopico peut se traduire par « lieu (co) de l'arrachement (pi) des cœurs (yollotl) », ce qui n'a absolument rien d'étrange à Mexico et surtout dans un édifice où l'on ouvrait la poitrine des victimes. Que devons-nous penser? Sahagun d'une part, le codex Mendoza de l'autre, vont nous mettre sur la voie. D'après Sahagun, le dieu des Yopi Tlapaneca s'appelait *Totec tlatlauhqui Tezcatlipoca* ; nous pourrions traduire cela par « Notre chef Tlatlauhqui Tezcatlipoca », si nous ne savions que Totec est l'épithète particulière du dieu Xipe Totec ; or *xipe* vient de *xipeua* « écorcher » ; donc, que l'on dérive *totec* de *to-tecuhtli* « notre chef » ou de *to-tecqui* « notre coupé », on a bien en Xipe Totec un dieu de l'écorchement, du dépeçage, de l'arrachage des cœurs, ce que prouve surabondamment son rôle, et nous avons vu tout à l'heure que *yopi* signifie « prendre les cœurs » (Molina donne aussi : « yopeua. despegar algo ») ; nous en conclurons que les termes *yopi*, *xipe* et *xipe totec* sont synonymes. Ceci nous est confirmé par le codex Mendoza ; dans sa Matricule des Tributs payés à Tenochtitlan et à ses confédérés par les pueblos vaincus, il représente Yopico par le symbole du second mois, c'est-à-dire de la fête de Xipe Totec. Nous pouvons donc dire que le dieu adoré à Yopico n'était pas le grand Tezcatlipoca, mais son doublet bien connu, Xipe Totec Tlatlauhqui Tezcatlipoca, c'est-à-dire l'Écorcheur des victimes consacrées au Soleil.

comme d'autres divinités élémentaires[1], appartient à l'aube de la barbarie, pour ne pas dire à la fin de l'état sauvage. Son nom très simple, nullement métaphorique, ses fonctions d'une importance qui grandit de plus en plus avec les progrès de la culture du sol, firent non seulement conserver son culte par les aborigènes et l'adopter par les immigrés, mais le répandirent dans tout le Mexique, absorbant complètement ou s'annexant les cultes de divinités analogues rencontrées çà et là. On verra même à la fin de ce travail que Tlaloc, avec les mêmes fonctions et sous un nom qui a même sens général que le sien, est représenté dans les codices de l'Amérique Centrale presque de même façon que sur les monuments et dans les codices du Mexique[2].

Nom.

Contrairement à tant d'autres divinités mexicaines que nous connaissons sous des appellations souvent fort variées et parfois inexactes, le dieu dont nous nous occupons ici ne nous est parvenu que sous le nom de Tlaloc. Diverses sont les interprétations que l'on a données de ce mot.

Il faut d'abord citer celle, très rarement rencontrée, de

---

1) Celle du feu par exemple; on pourrait citer aussi certaines divinités de la terre.

2) Une des légendes sur la fondation de Mexico-Tenochtitlan montre Tlaloc comme ancien propriétaire du pays et comme « père » accueillant de Huitzilopochtli. La voici. Les Mexica envoyèrent deux hommes Cuauhcohuatl « aigle-serpent » et Axolohua « qui a des *axolotl* », à la recherche de la terre promise par leur dieu et qui comme Aztlan devait être située au milieu d'un lac. Munis de perches, les deux hommes partirent. Ils fouillèrent les roseaux pour découvrir le tenochtli annoncé par les dieux; soudain Axolohua enfonça et ne reparut plus. Son compagnon retourna annoncer le malheur; le peuple fut consterné. Le lendemain, Axolohua revint en bonne santé. Il raconta qu'une force irrésistible l'avait entraîné sous les eaux, devant Tlaloc, seigneur de la terre, qui lui dit : « Que mon cher fils Huitzilopochtli soit le bienvenu avec son peuple; dis à tes compagnons que c'est ici qu'ils doivent vivre, etc. »

« pulque de la terre[1] » ; ce sens serait métaphorique et pourrait représenter l'eau qui fermente dans la terre et déborde hors d'elle comme le pulque dans les vases où il est fabriqué ; cette interprétation, très probablement due à une représentation graphique, à un rébus du nom du dieu, ne nous a heureusement pas été donnée par Sahagun et autres principaux auteurs, ce qui a évité à l'américanisme l'acceptation d'une fausse traduction de plus[2]. D'après Diego Duran, Tlaloc signifie « chemin sous terre, longue caverne » ; comme dieu des monts, il est en effet le dieu des grottes, des longues routes souterraines parcourues par les eaux avant d'apparaître à la lumière. L'auteur indigène Ixtlilxochitl[3] préfère « avec terre », car « son influence était en ce qui naissait en terre[4] ». L'éminent mexicaniste allemand, M. Eduard Seler, traduit Tlaloc par « celui qui fait germer[5] », ce qui conviendrait fort bien au dieu des pluies fertilisantes. M. Daniel Brinton[6] donne « celui qui est étendu sur la terre » ; « en effet, dit-il, ce dieu devait être représenté couché sur le dos et tenant sur sa poitrine un vase » (pour recueillir la pluie)[7]. Rémi Siméon fournit le sens « résidant sur la terre[8] ». Rejetant absolument la traduction par rébus et croyant peu acceptable celle de Diego Duran, je pense que les autres peuvent

1) De *tlalli* « terre », *octli* « pulque », liqueur fermentée tirée de l'agave, vin de l'ancien Mexique.

2) Parmi ces acceptations de lectures de rébus comme traductions de noms, j'ai déjà cité celles de Huitzilopochtli, de Quetzalcohuatl, de Tezcatlipoca, etc., etc. (Cf. G. Raynaud, *Le Dieu aztec de la guerre, l'Implacable Providence de l'ancien Mexique*, etc.).

3) Page 101 du codex de la collection Goupil qui porte son nom. La figure correspondante a été reproduite dans l'Appendice à l'ouvrage de Diego Duran (la 9ª fª 15) et dans l'Album Boban-Goupil (pl. 70).

4) Même traduction dans le Codex postcolombien Magliabecchiano XIII 3, folio 43 verso.

5) De *tlaloa* « courir vite », mais dont le sens primitif serait « germer ».

6) *Ancient Nahuatl Poetry* (Note : mot Tlaloc).

7) Cette représentation de Tlaloc conviendrait fort bien à une statue découverte au Yucatan et appelée tantôt Tlaloc, tantôt Chac-Mol « géant des nuées (?) ».

8) De *tlalli* « terre », *onoc* « être ».

avoir été connues des anciens Mexicains eux-mêmes mais que Tlaloc est simplement une ancienne forme adjective de *tlalli* « terre » et signifie « le (Dieu) terrestre ».

Sahagun donne aussi à Tlaloc le nom de *Tlalōcan tlamacazqui*, mais ce n'est là qu'une épithète si nous traduisons par « le prêtre (-dieu) du (lieu des morts) Tlalocan », ou bien encore une simple erreur, l'attribution au dieu du titre porté par ses prêtres[1].

En sa qualité de dieu de la pluie, Tlaloc porte souvent le nom de la pluie, *quiauitl*, soit seul (c'est le cas le plus fréquent), soit comme épithète. Inversement sa tête remplace souvent le signe Pluie.

Histoire.

Contrairement aux histoires de Huitzilopochtli, de Tezcatlipoca et de Quetzalcohuatl, celle de Tlaloc est très courte.

D'abord sur sa naissance aucune légende. D'après le cycle de dieux créateurs inventés tardivement par telle ou telle école, il est le fils de l'un ou de l'autre couple divin réputé primordial, Tonacatecuhtli et Tonacacihuatl, Ometecuhtli et Omecihuatl[1], etc.; d'après d'autres panthéons il serait le fils de la mère des dieux et des hommes[2], Tonantzin, le petit-fils de leur aïeule, Toci; etc.

Le Livre d'Or et Trésor Indien, écho bien affaibli des essais indigènes de dogmatisation de la religion mexicaine, nous dit que le couple primordial Tonacatecuhtli-Tonacacihuatl créa d'abord quatre frères : Tezcatlipoca le Rouge, Tezcatli-

---

1) Rémi Siméon était disposé à accepter Tlalocan tlamacazqui ; il faisait remarquer que *tlamacazqui* signifiant « donneur de choses (de *maca* « donner »), ce nom signifierait « le donneur (des choses contenues) dans Tlalocan », c'est-à-dire de la fertilité, des eaux, de la verdure, etc., ce qui convient bien à Tlaloc.

2) Ici, comme en bien d'autres cas, *ome* signifie non pas « double » mais « celui qui fait partie d'un couple », et Ometecuhtli-Omecihuatl doit être traduit « le couple chef et dame ».

poca le Noir, Quetzalcohuatl et Huitzilopochtli[1]. Ces quatre prétendus frères créèrent à leur tour Oxomoco et Cipactonal, Mictlantecuhtli et Mictlancihuatl, puis Cipactli, « grand poisson semblable à un caïman. Ils créèrent ensuite comme divinités de l'eau Tlalocantecuhtli et son épouse Chalchiuitlicue ».

En un autre chapitre, le même petit ouvrage nous raconte qu'en la 26ᵉ année après le déluge Quetzalcohuatl voulut faire soleil le fils qu'il avait eu sans connaître de femme, mais que Tlaloc et son épouse Chalchiuitlicue voulurent faire de même leur propre enfant. Jeûne, scarifications, macérations diverses, les deux dieux n'épargnèrent rien. Cela fait, Quetzalcohuatl chauffa dans un grand feu son fils qui en sortit soleil. Lorsque le brasier s'éteignit, Tlaloc jeta dans les cendres chaudes son enfant qui en sortit lune. Ce récit semble une transformation, une défiguration de la légende de Nanahuatzin.

Dans deux autres de ses chapitres, le Livre d'Or nous raconte comment furent créés et détruits quatre soleils, quatre mondes successifs. Le premier soleil, Tezcatlipoca, dura 676 ans; le deuxième, Quetzalcohuatl, eut même durée; quant au troisième, Tlaloc, pendant le règne duquel on n'eut à manger que les graines d'une céréale aquatique, il ne dura que 364 ans; cet âge du monde prit fin par une pluie de feu, *tlachinolli*, lancée par Quetzalcohuatl; enfin le quatrième soleil, Chalchiuitlicue, épouse de Tlaloc, éclaira pendant 312 ans; son règne finit par un déluge[2].

1) Ces quatre dieux appartiennent à trois et même à quatre civilisations, à quatre époques différentes, et n'auraient pas dû être groupés, mais le respect pour les chiffres, pour les nombres sacrés, s'était développé au point qu'il fallut à tout prix des tétrades (et aussi des triadécatérides), comme autre part on inventa des triades, des ennéades, parfois boiteuses. Remarquez que les deux prétendus créateurs primordiaux ne jouent plus aucun rôle.

2) Je n'ai aucunement l'intention d'instituer ici une longue discussion sur les Soleils du Mexique. Quelques remarques seulement. 676 ans font 13 siècles mexicains de 52 ans; 364 est le produit de 7 par 52, 312 celui de 6 par 52. Quiconque connaît un peu le profond respect, l'amour, oserai-je dire, que les Moyens-Américains avaient pour leurs principaux nombres sacrés 4 et 13, sur-

Une légende, sans grand intérêt peut-être, racontait comment la première femme de Tlaloc, Chalchiutlicue lui fut enlevée par Tezcatlipoca et comment il en épousa une autre.

Le Livre d'Or nous donne un dernier détail qui intéresse indirectement Tlaloc. « Les quatre dieux, raconte-t-il, firent du poisson la terre qu'ils appellent Tlaltecuhtli; on le peint comme dieu de la terre étendu sur un poisson parce que de lui il fut fait ». Tlaltecuhtli, le dieu-terre, ne doit pas être confondu avec Tlaloc, seigneur des monts et des eaux, dieu terrestre de la pluie; mais, comme Tlaloc naît et vit sur la terre, les Codices le représentent souvent en relation avec le cipactli : il marche sur lui, il ysse de sa gueule, il a sa tête pour casque, pour nagual.

tout pour 13, et pour un autre nombre sacré mais beaucoup moins important pour eux 7, s'apercevra que : 1° les deux premiers soleils ont une durée parfaite ; 2° le troisième a une durée à peine acceptable ; 3° le quatrième ne répond à rien ; 4° la somme 676 des deux derniers âges est un nombre parfait ; 5° le caractère d'époux de Tlaloc et de Chalchiuitlicue rend peu compréhensible le remplacement de l'un par l'autre dans cette histoire des Soleils où chaque soleil frappe, blesse, vainc, son prédécesseur. Ces remarques jointes à des comparaisons avec d'autres cosmogonies et tout particulièrement avec celles des Californiens, m'ont amené à penser que le Livre d'Or et avec lui Motolinia et le Codex Chimalpopoca nous dénoncent une croyance primitive en trois âges d'égale durée ; l'un d'eux, terminé peut-être par un incendie qu'éteignit une inondation tout aussi dévastatrice, fut, *dans le seul but d'obtenir une tétrade*, décomposé en deux autres, donnant à l'un 7 siècles, nombre un peu sacré, et à l'autre 6 seulement, c'est-à-dire le reste des 13 siècles primitifs. — Le Codex Vaticanus A (3738) ne donne pas pour ces durées des siècles de 52 ans mais des cycles de 400 ans ; on pourrait émettre l'hypothèse que nous avons là le siècle correspondant à ce que j'ai appelé l'année historique, l'année très primitive de 400 jours que nous révèlent les Annales kakchikèles des Xahila. Cela expliquerait peut-être la confusion qui règne dans ce codex à propos des Soleils auxquels il donne des durées respectives de 13, 12, 10 et 10 cycles de 400 ans. — Enfin le transport dans le passé du cinquième âge, de l'âge actuel, et aussi l'analogie avec les quatre points cardinaux et le milieu, si souvent représentés dans les codices, ont dû amener certains auteurs à croire à cinq âges accomplis. — Une dernière remarque : Clavigero dit que le quatrième âge, celui du feu, est l'âge actuel ; il n'y aurait donc eu déjà que trois âges.

Famille divine.

. Sous le titre de famille divine de Tlaloc nous comprenons non seulement les innombrables divinités locales qu'il s'est assimilées complètement ou partiellement ou apparentées, mais encore les dieux et les déesses que les mythes et les codices nous montrent assez fréquemment en rapport avec lui, soit par suite de similitudes de certains rôles, soit par emprunt de quelques symboles.

Cette famille est d'ailleurs assez mal définie. A côté des tlaloques nains, sans noms spéciaux, à chevelure sacerdotale, il y a d'autres tlaloques ayant noms, fonctions et costumes. D'autres membres de cette famille que tel mythe ou tel manuscrit nous indique comme très lié avec Tlaloc nous sont cependant donnés par tous les auteurs comme dieux particuliers.

Citons simplement quelques membres de cette famille divine parmi ceux ayant leur personnalité distincte.

Chalchiuitlicue « (la déesse à) la jupe verte » première femme de Tlaloc, est la déesse de l'eau; connue sous beaucoup d'autres noms (Apozonallotl, Acuecueyotl, Atlacamani, Ahuic, Ayauh, Xiquipilihui, etc.), se rapportant presque tous aux divers mouvements de l'eau, elle est assez souvent représentée comme suit : figure jaune (parfois grimaçante, la bouche ouverte laissant voir des dents pointues), nez percé au-dessus des narines, collier de pierres précieuses avec médaillon en or, front ceint d'un bandeau bleu clair que surmonte un panache vert. Lors de la naissance d'un enfant la sage-femme invoquait Chalchiuitlicue en faveur du nouveau-né (cf. la « scène du baptême » dans le Codex Troano).

Matlalcueye « (la déesse à) la robe bleue », seconde épouse de Tlaloc, était aussi une déesse de l'eau. Les Tlaxcalteca donnaient son nom à la haute montagne de leur pays où se forment les nuées d'orage qui éclatent sur Puebla. Cette déesse, dit Boturini, était représentée avec de grands bassins d'eau près d'elle. Elle protégeait surtout ceux qui vivaient de l'eau (pêche, commerce) et certains sorciers.

Tepeyollotl « Cœur des Monts » est un dieu de cavernes, qui apparaît parfois sous la forme d'un jaguar [1] ; il adopte rarement la couleur de costume et le bouton d'oreille de Tlaloc ; bien que 8e seigneur de la nuit il lui arrive parfois de prendre la place (9e) du dieu de la pluie [2].

Nappatecuhtli « chef des 4 (directions) » est un tlaloque, comme l'indique d'ailleurs son nom ; il inventa l'art des nattiers ; réputé très bienveillant, il était très vénéré.

Un autre tlaloque, *Opochtli* « le Gaucher, l'Adroit », dieu de la pêche, inventa les rames, le harpon à trois branches, les lacets d'oiseleurs et les filets de pêcheurs.

Huixtocihualt « Dame du Sel », sœur des Tlaloque, vivait sur les eaux salées et inventa un procédé d'extraction du sel ; elle portait des vêtements jaunes ; sa tête était coiffée d'une mitre que surmontait un haut panache de plumes vertes.

J'ai autrefois étudié [3] *Xochiquetzal* comme déesse de

---

1) Tlaloc est très souvent assis sur une peau de jaguar.

2) Les Mexicains (tous les Moyens-Américains d'ailleurs) désignaient les jours de leur cycle rituélique de 260 jours non pas par le nom du mois et le quantième du jour, mais par un numéro (de 1 à 13) et par un nom de jour (il y en avait 20). Comme au bout de ce cycle rituélique la série des mêmes numéros avec les mêmes noms recommençait, ce procédé était insuffisant pour l'année civile de 365 jours ; on faisait intervenir une 3e série, celle des 9 Seigneurs de la Nuit (peut-être des 9 heures de la nuit), et chaque jour étant ainsi désigné par un des 9 Seigneurs de la Nuit, un des 13 numéros et un des 20 noms de jours, ce n'est qu'après 468 ans. c'est-à-dire 9 siècles mexicains de 52 ans, que la triple série recommençait.

Tlaloc était le neuvième de ces seigneurs de la nuit ; on le rencontre fréquemment dans ce rôle dans les codices.

3) Dans l'étude à laquelle je fais allusion j'ai soutenu que c'est à tort que de nombreux auteurs ont attribué un caractère vicieux, obscène, à diverses déesses mexicaines de l'amour. Une étude plus approfondie de la question n'a fait que confirmer ma première opinion. Ces divinités ne protègent pas la débauche, l'adultère, mais les punissent sévèrement (voir par exemple le Codex Telleriano-Remensis). Au Mexique quiconque avait mal pensé, mal agi, « péché » dirions-nous, pouvait se racheter pleinement des conséquences humaines, légales, de son crime, de son délit, en s'en confessant à un prêtre du dieu ou de la déesse de qui dépendait sa faute ; ainsi les débauchés, les adultères,

l'amour. D'après Torquemada, à Tlaxcalla son culte aurait été associé à ceux de Tlaloc et de Matlalcueye. D'après le tlaxcaltec Camargo, Xochiquetzal aurait été femme de Tlaloc, mais Tezcatlipoca l'aurait enlevée et emportée au neuvième ciel, où il l'aurait faite déesse de l'amour; c'est alors que Tlaloc donna la succession de Xochiquetzal à une déesse des sorciers et des devins, Matlalcueye. Xochiquetzal aurait donc été primitivement une déesse de l'eau, peut-être même une divinité des monts.

Je citerai encore *Chicome Cohuatl* qui, comme déesse des subsistances, ne peut être qu'en très intime relation avec les tlaloque.

Paradis terrestre.

Lors de la conquête espagnole, les indigènes de la Moyenne-Amérique reconnaissaient trois mondes : celui d'en haut, la terre, celui d'en-dessous. Ils connaissaient trois lieux d'outre-tombe : le céleste, le terrestre, le souterrain. Ce dernier éclairé par le soleil nocturne, le soleil mort, noyé dans l'Océan occidental, le soleil pâle, très pâle[1], presque noir, Yayauhqui Tezcatlipoca « le Noir (ou Pâle) Brillant Miroir[2] » et gouverné par un couple divin, les Chefs (mâle et femelle) du Lieu des Morts, était l'endroit où après leur décès se rendaient ceux qui... n'allaient pas dans les autres lieux d'outre-tombe. Cette non-spécialisation de Mictlan et la simplicité de ce nom nous indiquent[3] que ce fut le pre-

en se confessant de leurs fautes aux prêtres des protectrices des amours permises et en en faisant pénitence, évitaient les très sévères pénalités civiles (ces pénalités étaient sous la protection de ces divinités); leur « ordure » disparaissait, était mangée, avalée, par les déesses.

1) Très souvent en pictographie américaine l'idée de mort (de ténèbres) est représentée par un quadrillage, un noircissage de l'être vivant.

2) C'est certainement une des raisons qui ont fait jouer à Tezcatlipoca le rôle de Soleil nocturne mais céleste et non plus souterrain, de Lune, et c'est peut-être aussi pourquoi le terrestre Tlaloc est parfois dit père du Noir Tezcatlipoca.

3) Dans une prochaine étude je m'en occuperai plus spécialement.

mier[1] lieu d'outre-tombe inventé. Dans celui du ciel, dans la Maison du Soleil, allaient vivre d'une vie de guerres et de chasses sans fin et accompagner Tonatiuh dans sa course les guerriers tués dans le combat et les victimes sacrifiées aux divinités solaires. Tlalocan, la demeure terrestre d'outre-tombe, devenait le séjour des gens morts par la foudre, par la noyade, ou à la suite de maladies réputées incurables[2] et que l'on croyait envoyées par Tlaloc, telles que les bubas, la goutte, la lèpre, l'hydropisie, etc...; là allaient aussi les victimes sacrifiées en l'honneur des tlaloque ou des autres divinités de l'eau. Parmi ces victimes, nombreux étaient les enfants; ceux-ci revenaient une fois par an dans leur ancien pays assister invisibles et ailés (des ailes de papier avaient été attachées à leurs épaules avant qu'on les sacrifiât) aux fêtes de leur divin maître; peut-être emportaient-ils ou escortaient-ils auprès de Tlaloc les nouvelles victimes. Le bon peuple des dévots s'imaginait volontiers entendre au pied du grand teocalli leurs joyeux chuchotements et le bruissement de leurs ailes[3].

Où était placé Tlalocan? Ici les avis diffèrent. Pour certains, la demeure du dieu des eaux était située sur le sommet d'une montagne, surtout d'une de ces montagnes de hauteur moyenne qui n'ont ni glacier ni neige éternelle, ou au moins au point le plus élevé d'une haute passe. Ce devait être là la croyance primitive[4]. Mais quelle montagne,

---

1) Le premier des trois tout au moins, car il serait hasardeux d'affirmer que l'occident, où chaque soir se noyait le soleil et où aux temps de Montezuma résidaient ces redoutables déesses spectrales que devenaient les femmes mortes en couches, ne précéda pas Mictlan comme séjour des trépassés. Il me semble que ce très primitif lieu d'outre-tombe fut, sous l'influence d'idées ethniques spéciales, transporté de l'ouest au nord, puis plus tard enfoncé sous terre.

2) Ceux-ci n'étaient pas brûlés; on les enterrait avec des cérémonies spéciales.

3) Des motifs d'ordre plutôt général me font supposer que Tlalocan est antérieur à la Maison du Soleil; je pense d'ailleurs qu'ils sont des produits d'ethnies différentes.

4) La croyance aux monts doit être antérieure à la croyance à la passe.

quelle passe ? A cette question, presque autant de réponses
que de peuples. Les Mexica tenaient pour le mont Tlalocan, situé à l'est et non loin de leur ville. Les Chalca trans-
portaient le Paradis Terrestre à 15 lieues de Mexico mais
près de chez eux, au Volcan, bien que ce fût une très haute
montagne toujours couverte de neige ; comme preuve à
l'appui, ils racontèrent à Ramirez de Fuen Leal que dans la
seconde moitié du xve siècle un de leurs chefs fit enfermer
dans une grande caverne de cette montagne, en sacrifice
aux tlaloque, un de ses bossus ; privé de nourrriture, le
malheureux s'évanouit ; délivré un peu plus tard par des serviteurs du chef il prétendit avoir visité Tlalocan et fit de ce
qu'il avait vu une description que nos Chalca rapportèrent à
l'évêque. Comme eux, bien d'autres tribus choisirent une
montagne dans leur voisinage. Parmi les passes les plus
réputées comme séjour de Tlaloc il faut citer celle que fran-
chit le chemin qui va de Mexico à Huextozinco et à Tlaxcalla. Certains anciens écrivains placent Tlalocan très loin, à
l'est, sur le littoral de l'Atlantique ; pour Sahagun, il est dans
le pays des Olmeca, des Mixteca et des Huixtotin, contrée
des plus fertiles et réputée un véritable paradis. Peut-être
certains indigènes, certains prêtres transportèrent-ils Tlalocan encore plus loin, en plein Atlantique, dans quelque Thulé
imaginaire, dans quelque lointain Fou-sang oriental. Rien
d'étonnant à cela, car lorsque furent inventés les neuf cieux,
les treize cieux, par ces prêtres admirateurs forcenés des
nombres, qui dans leurs calculs dont nous trouvons la trace
dans le Codex Dresdensis, le Codex Fejervary-Mayer, etc.,
essayèrent de soumettre le monde entier dans l'espace et
dans le temps aux lois numériques, Tlalocan fut transporté dans les cieux.

De Tlalocan, qu'il fût sur un mont ou qu'il fût dans l'un
des cieux inférieurs, jaillissait la foudre, s'étendaient les
nuées qui venaient verser les pluies sur la terre. Les montagnes qui prenaient leur base dans Tlalocan étaient remplies
d'eau et, lorsque celle-ci en sortirait par rupture soudaine

du vase naturel, la terre serait submergée[1]. Même lorsque
pour des yeux humains une rivière semblait sourdre de telle
ou telle montagne, c'était en réalité de Tlalocan qu'elle
sortait.

Tlalocan est toujours dans l'est, ce qui expliquerait d'ailleurs le déplacement de cet Eden effectué par les peuples
orientaux par rapport à Mexico. C'est en effet de l'est que
viennent les pluies fertilisantes apportées par le vent alizé
nommé *tlalocayotl*.

Tlalocan avait d'autres noms : Poyauhtla « Parmi les
Brouillards », donné aussi à l'un des sanctuaires de Tlaloc;
— Ayauhcalli « Maison des Brumes », appellation sous
laquelle étaient désignées aussi quatre petites constructions
légères bien orientées et placées en croix, que l'on édifiait
chaque année au bord du lac de Mexico.

Comment était disposé Tlalocan et comment y vivait-on?
C'était un magnifique et immense jardin toujours couvert de
verdure, rempli d'arbres de toute espèce donnant tous les
produits, fleurs, fruits, parfums, imaginables. Une perpétuelle
et délicieuse fraîcheur y était entretenue par des fontaines et
des ruisseaux à l'eau limpide. On y jouissait d'un éternel
ciel printanier. Au milieu de ce jardin se dressait l'attribut
que Tlaloc partageait avec Quetzalcohuatl, le symbole des
quatre directions, la croix, sous la forme de l'arbre divin, du
tonacaquauitl « arbre de notre chair »; cet arbre faisait donner
à Tlalocan l'épithète de Tonacaquauhtitlan et à Tlaloc le nom
de Tonacatecuhtli, confondant ainsi ce dieu avec une divinité
réputée plus ancienne que lui, dite père de Tlaloc et de tous

---

1) « C'est pourquoi, dit Sahagun, on appelle *altepetl* ou montagne d'eau les
pueblos ». Non; c'est parce qu'on y possédait la terre (souvent représentée
par un tepetl, une montagne, ou un oztotl, une caverne, peut-être en souvenir
d'anciennes demeures) et l'eau ; une expression synonyme désignait les pueblos
en Amérique Centrale. Ce composé *altepetl* de *atl* et de *tepetl* fournit une des
preuves que c'est à tort que certains se sont scandalisés de la condensation
en *ll* de *tl* et de *t* dans ma traduction « déesse (*teotl*) de l'amour (*tlazotla*,
aimer) » du nom Tlazolteotl (Cf. G. Raynaud, *La déesse de l'Amour dans
l'ancien Mexique*).

les dieux, mais en réalité, comme toutes les divinités créa-
trices, d'invention relativement récente. Tout autour de
l'arbre-croix, bien orientées, s'élevaient dans les quatre
directions les quatre longues-maisons du dieu, de ses suivants
à la chevelure de prêtres, et de ses fidèles. Dans la cour,
c'est-à-dire près de l'arbre, « quatre grands bassins d'eau.
L'une de ces eaux est très bonne ; il en pleut quand naissent
les céréales et les semences et quand vient la belle saison.
L'autre est mauvaise ; quand il en pleut, naissent les toiles
d'araignée sur les céréales et (celles-ci) se gâtent. L'autre est
quand il pleut et qu'il gèle. L'autre est quand il pleut et que
rien ne grène et que tout sèche ». Suivant les ordres de
leur chef, des tlaloque nains et très nombreux puisaient
l'eau de tel ou tel bassin avec des cruches en terre à bouche
très étroite et allaient la verser sur certaines contrées ; en
frappant ces cruches avec des baguettes ils en faisaient sortir
les éclairs et le tonnerre.

Sanctuaires.

Sur la plus haute pyramide de ce qu'on a appelé le grand
temple de Mexico et qui n'était qu'une vaste enceinte[1] quadrangulaire renfermant les édifices les plus divers[2], se dres-
saient deux étroites chapelles[3] ; l'une contenait la statue de

1) Enceinte analogue aux *ccoricancha* « enceintes dorées » du Pérou. Cette
épithète « dorée » signifie, comme tant d'autres semblables, « précieuse, sacrée,
divine ». Elle était d'ailleurs méritée par certaines enceintes péruviennes dont
les parois étaient recouvertes de larges plaques de métaux précieux.

2) Pyramides supportant les chapelles (plutôt grandes niches) des grandes
statues ; tzompantli ou pieux où étaient enfilées les têtes des victimes ; bosquets
sacrés ; fontaines lustrales ; bâtiments où étaient conservés les accessoires du
culte ainsi que les statues aisément transportables et les statuettes ; demeures
des prêtres, de leurs acolytes et de leurs élèves ; etc., etc. ; bâtiments laïques
mis sous la protection directe des dieux, les quatre arsenaux par exemple.

3) En Amérique précolombienne, toute cérémonie publique d'une certaine importance, les sacrifices notamment, avait lieu en plein air, le plus souvent bien
en vue de tous sur le sommet d'un monticule artificiel (pyramide) ou naturel.
Ce que j'appelle « chapelles », ce n'était que des constructions peu étendues

Huitzilopochtli, l'autre celle de Tlaloc. Dans mon étude sur *Le dieu aztec de la guerre* j'ai essayé de présenter, en condensant les renseignements connus, une brève mais suffisante description de cette pyramide et de ses annexes; je ne reviendrai donc pas sur ce sujet.

Parmi les édifices de ce temple consacrés au culte de Tlaloc, nous pouvons encore citer les suivants :

Epcoatl « rouge serpent[1] », second temple principal de l'enceinte sacrée, au dire de Sahagun[2]: pendant 4 jours, les prêtres de Tlaloc s'y préparaient par le jeûne et les macérations à la fête du 6e mois; celle-ci terminée, on y égorgeait des prisonniers de guerre; — *Poyauhtla* « parmi les brouillards », où, avant la même fête, jeûnaient, se mortifiaient, encensaient les petites statues[3], deux prêtres de haut rang appelés, l'un *Totec tlamacazqui* « prêtre de Totec », consacré plus spécialement au culte de Xipe Totec[4], l'autre *Tlalocan tlenamacac* « le donneur de feu au (dieu de) Tlalocan[5] »; des captifs y étaient sacrifiés; — *Mexico calmecac[6]*

contenant les statues d'un transport malaisé. Le temple tel que nous le comprenons, c'est-à-dire un endroit *clos et couvert* où dieux, prêtres et fidèles sont réunis, n'existait pas réellement en Moyenne-Amérique et au Pérou.

1) Le rouge serpent est le serpent-éclair de Tlaloc. On a jusqu'ici traduit ce nom par « serpent de perles » (*eptli* « perle », *coatl* « serpent »), interprétation relativement acceptable si l'on prend le mot « perle » comme évoquant l'idée de chose précieuse; dans les codices, on rencontre souvent des guirlandes (serpents ?) de perles.

2) Sahagun ne s'est-il pas trompé? Ce nom d'Epcoatl est en effet donné par divers auteurs à la chapelle de Tlaloc sur la haute pyramide; nous voyons d'ailleurs que jeûnes et égorgements avaient lieu dans les édifices suivants; très probablement le premier et le second édifice de l' « Histoire des choses de la Nouvelle-Espagne » n'en font qu'un seul.

3) Les grandes étaient sur la haute pyramide.

4) Xipe Totec(uhtli) « Notre Chef de l'Écorchement » était associé à tous les dieux sanglants. Ceci le mettrait en plus intimes relations avec Tlaloc, à moins que la réunion des deux grands prêtres ne fût que momentanée.

5) *Tletl* « feu », *maca* « donner ». Dans les codices, le tlenamacatl est souvent représenté dans ses fonctions principales, c'est-à-dire agitant devant les dieux son *tlemaitl* (*maitl* « main »), sorte de poêlon à manche où l'on brûlait de l'encens, principalement du copal; le manche contenait des grelots.

6) Ce rapprochement entre le nom de Mexico et le culte de Tlaloc pourrait

2

« le lieu des générations de Mexico », domicile des prêtres ordinaires et de leurs acolytes; — *Yopico*, dont nous avons déjà parlé, son *tzompantli* et son *calmecac*[1]; — *Atempan* « sur le bord de l'eau[2] » où avant d'être menés à la mort étaient réunis les enfants et les lépreux (*xixiotique*); — *Acatla yiacapan huey calpulli* « grand calpulli[3] planté de roseaux », où l'on enfermait les captifs avant de les conduire au sacrifice ; on y rapportait ensuite leurs cadavres lesquels, dépecés et cuits avec des fleurs de calebassier, étaient mangés par les personnages de marque.

A cause de leurs fonctions Tlaloc et sa famille divine ne pouvaient manquer d'avoir dans tout le pays de très nombreux sanctuaires d'importance fort variable. Montagnes, lacs, étangs, puits, rivières et ruisselets, sources, fontaines, qui par leurs curiosités naturelles ou par leur utilité vraie ou supposée, par leurs légendes, par nécessité sacerdotale ou laïque, attiraient l'attention, étaient l'objet d'un culte aux tlaloque. On y élevait tantôt un simple autel (moins même : une stèle informe), tantôt une statue avec ou sans autel, tantôt un ou plusieurs petits sanctuaires, parfois même une enceinte sacrée renfermant diverses classes de bâtiments. Autour des principales fontaines, on construisait chaque année quatre petits sanctuaires disposés en croix et appelés *ayauhcalli* « maison des brouillards ».

Statues et peintures; costumes.

Au sommet du grand teopantli de Mexico, dans sa haute chapelle appelée *Epcoatl* le dieu faisait face à l'orient[4]. De-

---

être très suggestif, si Sahagun n'était pas si confus dans sa description du grand temple.

1) (*calli* « maison », *mecatl* « corde, lignée »). Les calmecac servaient en partie de maisons d'éducation.

2) *atl*, eau ; *tentli*, lèvre, bord; *pan* sur.

3) Un calpulli « grande maison » est un sanctuaire secondaire, de quartier.

4) De l'orient viennent les plus bienfaisantes.

bout sur un piédestal quadrangulaire[1] que recouvraient de
riches étoffes vertes[2], il tenait de sa main gauche une ron-
dache bleue et ornée d'une grande frange de plumes jaunes,
vertes, rouges, bleues[3] et brandissait en sa dextre une longue
et mince feuille d'or, de forme serpentine, terminée en pointe
à sa partie inférieure[4]. Il portait des demi-bottes et des sandales. Autour de son cou s'enroulait un pesant collier d'or et
de chalchiuitl, ayant comme joyau central une émeraude
ronde enchâssée dans un cercle d'or. Aux oreilles, des pierres précieuses d'où pendaient des boucles d'argent. Aux poi-
gnets et aux cous-de-pied, de très riches bracelets. Un jupon
bleu (*xicolli*) descendait jusqu'à mi-cuisse; il était garni d'argent croisé en quadrillé; au milieu de chaque carré, un
cercle d'argent; à chaque angle une fleur en nacre et deux
feuilles d'or qui le liaient[5]. Le reste du corps était de couleur
foncée[6], ainsi que la face. Leon y Gama prétend qu'il n'avait
qu'un œil, mais doit se tromper et citer ici un profil pris
dans un codex, car tous les monuments vus de face que
nous connaissons[7] nous représentent bien Tlaloc avec deux
yeux.

Le visage, avait, disent tous les auteurs, un aspect mons-
trueux. L'œil, traversé par une ligne horizontale noire au-
dessous de laquelle était un petit demi-cercle, se composait
d'un cercle intérieur bleu et d'une couronne blanche, le tout
entouré d'une bande bleue très saillante qui est une des caractéristiques de ce dieu. La lèvre supérieure était remplacée
par une bande saillante affectant une forme serpentine et for-
mant une sorte de volute à ses deux extrémités. La bouche
ouverte laissait voir de très longues canines supérieures

1) Symbole de la terre et de ses quatre directions.
2) Le vert et le blanc piqueté de noir sont ses couleurs favorites.
3) En général les quatre régions du monde ont chacune leur couleur.
4) Symbole du serpent-éclair qui des nues est lancé sur la terre.
5) Mêmes bandes et mêmes cercles sur le bouclier.
6) Couleur sacerdotale.
7) Collection Uhde, de Berlin ; collection Becker, de Vienne ; vase du Musée
de Mexico reproduit par Brasseur en tête de son Popol Vuh ; etc.

rouges et des lèvres rouges. Bande oculaire et bande labiale et dents donnaient à cette face une sorte d'aspect hideux très accentué. Parfois dans certains monuments qui nous sont parvenus le visage est, pour ainsi dire, entièrement constitué par deux serpents entrelacés dont les enroulements forment le tour des yeux, le nez, puis, par affrontement des gueules ouvertes, la bande labiale et les dents-crochets[1]. Une couronne de plumes vertes et blanches, très belles et très droites[2], et un long panache rouge et blanc, retombant sur l'épaule, constituaient la coiffure.

L'idole placée sur le sommet du mont Tlalocan était faite d'une sorte de pierre blanche légère semblable à la pierre ponce. Elle était peinte en bleu et regardait l'orient, faisant face aux provinces de Tlaxcalla, de Cholula et de Huexotzinco. Ressemblant à la statue de Mexico, elle était assise sur une pierre carrée, en la partie antérieure de laquelle un assez grand creux contenait de la gomme-copal et toutes les espèces de graines du pays[3]. Une foule de petites idoles l'en-

---

1) Sur les divers monuments qui sont parvenus jusqu'à nous, ce type ophidien est plus ou moins accentué. Ainsi le Tlaloc reproduit par Brasseur semble porter simplement de fortes lunettes aux yeux et une bande horizontale terminée en volute à la lèvre supérieure. Seules les puissantes canines rappellent les crochets du crotale.

2) Cette couronne est peut-être le symbole des montagnes.

3) La légende prétend que les Chichimeca découvrirent cette statue telle quelle avec son piédestal et son offrande; ils renouvelèrent désormais cette dernière chaque année après la moisson.

Nezahualpilli, chef suprême de Tezcuco, voulut remplacer par une plus belle cette vieille statue qui datait, disait-on, du temps des Tolteca. Il en fit faire une en pierre noire très dure ; on fit le changement, mais la même année, un coup de foudre ayant mis en pièces la nouvelle idole, on replaça au plus vite l'ancienne, non sans avoir été obligé de réparer avec trois gros tenons d'or un des bras qui s'était fracturé. Au xvie siècle, l'évêque Zumarraga la fit briser en sa présence et emporta l'or.

Nezahualcoyotl, père du susdit Nezahualpilli, fit faire une très grande et très riche statue de Tlaloc et la plaça dans le grand temple de Tezcuco avec celles de Huitzilopochtli et de Tezcatlipoca. Le culte de Tlaloc et de Huitzilopochtli n'aurait commencé qu'en 1301 (au « 4 maison ») à Tezcuco ; Techotlalatzin permit qu'on élevât des teocalli à ces deux divinités et qu'on leur offrît des sacrifices publics, ce que son père Quinantzin n'avait jamais toléré.

touraient. Une chapelle ayant un toit de bois et toute blanchie tant à l'intérieur qu'à l'extérieur l'abritait. Elle se trouvait au milieu d'une grande cour carrée qu'entourait une belle enceinte sacrée bien construite et bien crénelée, de la hauteur d'un homme et demi, et qu'on apercevait de très loin.

Ixtlilxochitl, dans le codex qui lui est attribué, décrit (page 110) une statue en bois de Tlaloc. Le corps de grandeur naturelle était peint avec de l'ulli, sorte de gomme noirâtre. Sa main droite tenait la feuille d'or, sa main gauche un bouclier frangé de plumes et à garniture de nacre en réseau. Garniture toute pareille et ourlet en poils de lièvre et de lapin dessinant des demi-lunes blanches sur un costume en plumes bleues. Sur la face, ses marques caractéristiques. Il portait un grand manteau de plumes blanches et vertes, un collier d'or, des molletières en peau de daim; ses cuisses étaient jaunes. Des grelots d'or tintinnabulaient à ses chevilles; son siège et son estrade étaient en bois.

Parfois le dieu portait en sa dextre, non le serpent-éclair, mais une tige de maïs, symbole de ses fonctions comme dieu des subsistances.

Ixtlilxochitl nous a laissé dans le codex déjà cité deux peintures de Tlaloc[1]. Le dieu est vêtu d'un *ichcahuipilli*, sorte de justaucorps court et sans manches, de couleur bleu foncé et tout quadrillé de bandes d'argent; au milieu de chaque losange un disque en argent; à chaque angle un petit bouquet de plumes jaunes et rouges. Le bas du vêtement porte des échancrures rouges surmontées de lignes jaunes et noires et de trois disques blancs sur fond noir. Son bouclier est quadrillé, frangé de plumes rouges, jaunes, vertes, bleues. Il porte des jambières jaunes, en peau de daim, à dessins noirs. Ses cuisses sont jaunes. A ses cous-de-pied des grelots. A ses pieds des sandales ornées de méandres et de nœuds bleus. Il se tient debout sur un rectangle orné de doubles disques et de créneaux. Son

[1] Codex Ixtlilxochitl, pl. 104, 1ʳᵉ figure, et pl. 94, 1ʳᵉ figure. Reproductions dans l'Appendice à l'ouvrage de Diego Duran, la 15ᵃ fᵃ 22ᵃ et la 3ᵃ fᵃ 5ᵃ, ainsi que dans l'Album Boban-Goupil, pl. 70 et 96.

serpent-éclair est en or[1]. La volute qui s'enroule autour des lèvres et des yeux constitue un masque fantastique. Trois grandes dents blanches sortent de sa bouche. Sa chevelure retombe sur ses épaules. Il a une coiffure de longues plumes vertes, un collier formé de pièces jaunes arrondies et de lignes noires. Son bracelet est composé de trois rangées de perles fines. Le bouton d'oreille (*nacochtli*) est en or.

Voici enfin, d'après Sahagun, quel était le costume *officiel* de Tlaloc, celui envoyé à Cortès par Montezuma. Il se composait des objets suivants : un masque surmonté de plumes et un drapeau ; de larges oreillons en calchiuitl, ayant au milieu une mosaïque de même matière représentant des serpents ; un corselet couvert de broderies vertes ; un collier de pierres précieuses ; un médaillon attaché sur les reins avec une ceinture ; une riche mante à ajuster à cette ceinture ; des enfilades de grelots pour le cou-de-pied ; une crosse ou *coatl* ornée de mosaïques en calchiuitl.

Prêtres.

L'un des deux *quequetzalcohua*[2] que Sahagun nous présente comme les deux suprêmes pontifes, égaux en grade et en honneurs, avait pour surnom, nous dit-il, *Tlaloc tlamacazqui* et était consacré au service du Seigneur de Tlalocan. Était-ce le même prêtre que celui cité sous le titre de « donneur d'encens de Tlaloc » lorsque nous avons parlé de Poyauhtla, l'un des édifices renfermés dans la grande enceinte sacrée de Mexico? C'est chose possible, car dans la Maison des Brouillards il avait pour compagnon *Totec tlamacazqui* ; or c'est là le surnom de l'autre quetzalcohuatl. Il est vrai que d'une part Sahagun le met au service de Huitzilopochtli[2], tandis que dans Poyauhtla il était à celui de Totec et d'autre part tlama-

---

1) Parfois Tlaloc n'a ni serpent ni bouclier, mais une plante de maïs dans une main et dans l'autre un *coatl* (bâton recourbé) avec lequel il creuse le sol pour y semer ensuite.

2) Pluriel de *quetzalcohuatl*.

cazqui était une expression générique désignant un certain degré de la prêtrise [1].

D'autres ministres de Tlaloc sont nommés par Sahagun.

L'*Ome Tochtli* [2] « double lapin » était chargé de préparer la provision de pulque et toutes les choses nécessaires pour la partie de la fête du premier mois qui se déroulait dans le tecpan du Chef Suprême de la confédération mexicaine.

Pour la fête du troisième mois, les mêmes soins incombaient à l'*Ome tochtli Papaztac* [3].

Pour celle du treizième mois, les provisions de liqueurs fermentées devaient être faites par un second *Ome tochtli*, un *Ome Tochtli Tomiyauh* [4], un *Tlihua Ome Tochtli* [5], un *Tezcatzoncatl* [6] ; à cette fête l'encens et ses accessoires devaient être fournis par un *Tzapotlan teohuatxin* ; certains

---

1) Ce titre de tlamacazqui s'appliquait non seulement aux prêtres d'un certain degré, mais encore aux dieux considérés comme faisant des dons soit aux hommes soit à d'autres divinités. C'est ainsi que Xipe Totec est souvent appelé le tlamacazqui d'autres dieux, et nous aurions pu traduire le nom de l'idole de Yopico par « Xipe Totec (donneur de victimes humaines) à Tlatlauhqui Tezcatlipuca », interprétation d'autant plus acceptable que tlamacazqui peut être dérivé de *tlamana* « sacrifier ». Dans les codices, les divinités sont souvent représentées avec les couleurs et les costumes de leurs prêtres, soit partiellement, soit totalement.

2) Lapin est le nom générique des dieux du pulque, d'origine huaxtec (*Les Huaxteca sont apparentés aux Mayas* dont ils sont d'ailleurs voisins), comme l'indique l'ornement en forme de croissant aux pointes en l'air qu'ils portent sous le nez. Le titre du prêtre semble ici incomplet.

3) *Papaztac* « mou » était l'un des « 400 lapins », l'un des innombrables dieux de l'ivresse ; ces dieux étaient apparentés aux tlaloque, confondus même parmi eux, pour un motif que les codices semblent indiquer ; en effet, ils représentent fréquemment le pulque sous la forme d'une eau écumante. L'épithète de « double » dénonce-t-elle une double fonction de ces prêtres ou de leurs dieux ou bien est-elle la preuve que ceux-ci constituaient des couples, que chacun d'eux avait une épouse? (Voir double ??).

4) *Tomiyauh* « notre fleur de maïs ». Sahagun nous dit que c'est pour la fête de ce dieu que ce prêtre préparait tout. Cela veut dire pour la partie de la fête des tlaloque pendant laquelle on buvait le vin en l'honneur des divinités du pulque.

5) *Tlihua* « qui a du noir, le barbouillé, le tacheté ».

6) *Tezcatzoncatl* « le miroir de paille », *i. e.* « la vue trouble » (*tezcatl*, miroir, *tzoma*, recouvrir de paille).

préparatifs incombaient à l'*Atlixeliuhqui teohua Opochtli*.

A cette liste nous pourrions ajouter l'*Ome tochtzin*[1], chef des chantres, et l'*Epcoaquacuiltzin*, maître des cérémonies ; tous deux s'occupaient de toutes les fêtes, de tous les dieux, mais le premier a le même nom que les serviteurs (il devait en être le chef) des dieux de l'ivresse déjà cités et le second nous rappelle l'Epcoatl, la chapelle de Tlaloc sur le grand teocalli. Enfin l'*Acolnauacatl acolmiztli* devait, lorsque le Chef Suprême de Mexico venait au temple jeûner solennellement à l'occasion de certaines fêtes, celle de Tlaloc entre autres, lui procurer le vêtement nécessaire.

Fêtes.

De tous les dieux de l'ancien Mexique, Tlaloc était peut-être le plus fêté. Diego Duran pour la fête du 3ᵉ mois, Sahagun pour les cérémonies des 1ᵉʳ, 6ᵉ, et 16ᵉ mois donnent de très abondants détails, qu'il serait fastidieux de répéter ici. Je me contenterai de signaler la coutume de n'amener les nombreuses victimes enfantines au lieu où elles devaient être sacrifiées qu'en litières fermées ; c'était aussi loin de tout regard profane que les prêtres les égorgaient ; on a souvent fait remarquer le caractère magique (par imitation) des pleurs des pauvres petits ; une autre cérémonie magique était accomplie par tous les personnages qui se déguisaient en animaux aquatiques. Il serait intéressant d'étudier pourquoi les prêtres de Tlaloc et leurs acolytes ordinaires ou extraordinaires étaient ou semblent avoir été, pour tout manquement à leur service, punis avec une très grande sévérité.

Tous les huit ans était célébrée une fête pendant laquelle les habitants d'une certaine localité faisaient œuvre pie en saisissant dans un bassin avec leurs seules dents et en avalant des grenouilles et des serpents. Il y avait en outre des fêtes

---

1) Forme révérentielle d'*Ome tochtli*.

accidentelles. Par exemple, si pendant quatre ans la terre
avait été désolée par la sécheresse, pendant la cinquième année on égorgeait un jeune garçon et son corps était enseveli
au milieu du maïs pour empêcher celui-ci de se gâter.

Certains malades faisaient aussi des offrandes et des fêtes
particulières à Tlaloc et à ses suivants pour obtenir leur
guérison.

Tlaloc dans les codices mexicains.

Tous ceux des manuscrits mexicains qui nous donnent des
figures de divinités nous fournissent des images de Tlaloc.
Voulant mettre le lecteur en état de comparer aisément ces
images avec celles de la divinité qui joue le rôle le plus important dans nos trois codices mayas, je vais donner une description très succincte des pages de trois manuscrits mexicains dans lesquelles est figuré le dieu de la pluie; je suis
la pagination de M. le duc de Loubat.

Codex Vaticanus 3773 (B). — Page 14. Le dindon (*chalchiuhtotolin* ou *huexolotl*), oiseau de Tlaloc. — P. 18. Tlaloc
auprès d'un arbre de vie auquel grimpe Tezcatlipoca; sur
l'arbre, un ocelotl. — P. 20. Une tête de Tlaloc vue de profil,
à la bande labiale rabattue vers le haut en dehors et à gauche
du profil comme pour montrer ce que celui-ci doit cacher;
de sa coiffure sort un plant de maïs sur lequel se promène
un cipactli, « crocodile » mythique. — P. 23. Il a le corps
noir, le devant de la face noir et le derrière jaune. Bande
labiale prolongée en volute. Devant sa bouche un couteau de
pierre d'où sort un ruisseau de feu. Tlaloc présente des
offrandes. — P. 31. Devant Tlaloc une maison en feu avec
hache flamboyante; au-dessous un ruisseau. Est-ce la fameuse
pluie de feu? — P. 36 et p. 43 à 48. Sur ces 6 pages, au-dessous d'un ciel nuageux, des Tlalocs, la hache dans la main
droite, un serpent dans la gauche (le 6ᵉ l'a au cou). Suivant
les 4 points cardinaux, le zénith et le nadir, changements par-

tiels de couleurs. On trouve le signe de la guerre, celui du sang. (Il faut examiner très en détail ces 6 pages). — P. 55. Un prêtreadore Tlaloc, un autre est emporté par un courant d'eau; trouvons-nous là une représentation des mauvais traitements infligés à Mexico aux prêtres qui avaient commis des fautes dans son service? — P. 69. 5 figures de Tlaloc indiquent: 4, avec changements de nahual et de couleur, les 4 quartiers du ciel, la 5e le milieu. — P. 79. Le dieu tient un atlatl et une poignée de flèches. — P. 71. Le signe Quiauitl est remplacé par la bande oculaire et la bande labiale à crocs de Tlaloc. — P. 89. Il semble porter la coiffure huaxtec de Quetzalcohuatl. — A la page 10 de ce codex, dans un temple, un dieu ayant la bande labiale à crocs que nous retrouverons dans dans les mss. mayas. Il est régent de l'Est. C'est donc Tlaloc, bien qu'il lui manque la bande oculaire.

Codex Borgia. — Page 12. Nous trouvons encore la maison embrasée et l'eau, qui symbolisent peut-être la pluie de feu. — P. 14. Tlaloc, 9e Seigneur de la Nuit; sa bande oculaire est ornée à droite d'une double volute (il en est ainsi pour presque toutes ses figures dans ce codex). — P. 16. Il porte sur sa poitrine un serpent bleu à deux têtes, symbole de l'eau; il a une belle couronne de plumes blanches. — P. 20. Un genou en terre, il bêche. — P. 25. Sa bande labiale a un fort développement extérieur. — P. 27. Tlaloc, régent des 4 points cardinaux et du milieu; chaque Tlaloc tient *un pot à bouche étroite* et ayant la forme d'une tête à bande oculaire; de ce vase et de l'autre main l'eau tombe sur la terre. — P. 30. A chacun des quatre coins, un Tlaloc en rapport avec un quart du tonalamatl, appuyé à l'arbre de sa région, nu, ne portant qu'un pagne étroit, ayant des griffes aux quatre membres, tenant le sac à copal des prêtres. — P. 37. Vers le milieu, un personnage a bien la bande oculaire, mais non la bande labiale; une sorte de demi-cercle entoure la bouche. Ce n'est donc pas Tlaloc. Nous le retrouverons dans les codices mayas. Même cas un peu plus bas. — P. 57. Tlaloc et Chalchiuitlicue sortent tous deux d'une gueule de serpent. Par des chaînes entrelacées de perles et de gemmes ils soutiennent un vase d'où se dresse, au-dessus de quatre épis de maïs diversement colorés, un petit homme adorant. — P. 67. Même scène qu'à la page 55 du Vaticanus. L'œil est divisé en 4 parties. — P. 72. Les serpents des 4 points cardinaux; Tlaloc est dans celui de l'est. — P. 75.

CODEX FEJERVARY-MAYER. — P. 1. Analogue au fameux tableau des Bacabs du Codex Cortesianus. Au nord, Tlaloc et Tepeyollotl sont auprès de l'arbre de vie surmonté d'un aigle. — P. 4. Tlaloc debout sur un cipactli et uni à lui par du feu, le saisit de sa gauche; une hache dans sa dextre; le feu est-il l'éclair lancé du ciel sur la terre? — P. 25. Tlaloc,. barbu, tient dans sa main un petit personnage rouge. — P. 26. Tlaloc barbu, avec chevelure de prêtre, assis sur une peau d'ocelot. — P. 34. Le plant de maïs divinisé : une femme-plant prend racine devant Tlaloc qui la tire, la fait croître; sur une offrande, un coatl pour creuser la terre. — P. 36. Tlaloc et Chachiuitlicue[1].

Le Tlaloc maya.

Tout américaniste qui aura suivi sur les manuscrits le très rapide examen que je viens de faire se sera facilement rendu compte que lorsqu'une divinité présente la bande oculaire et la bande labiale à crocs elle ne peut être que Tlaloc. Un examen un peu plus approfondi lui montrera que si certaines divinités empruntent parfois à Tlaloc sa bande oculaire, jamais elles ne se parent de sa bande labiale à crocs. Il conclura donc : *la bande labiale à crocs est la caractéristique nécessaire mais suffisante de Tlaloc.*

1) Dans le tonalamatl incomplet (216 jours) qui constitue la seconde partie du Codex Telleriano-Remensis, Tlaloc est 9e Seigneur de la Nuit; le jour Pluie est toujours représenté par la tête du dieu. — Folio 13, verso, la figure représente bien Tlaloc, mais le texte ne parle que de *Nahui Ehecatl* « (le dieu des) quatre vents », justement ce doublet de Quetzalcohuatl plus spécialement chargé de préparer les voies au dieu de la pluie.

Si l'on examine ensuite les trois seuls codices yucatèques que nous possédons, on y distinguera bientôt un groupe de dieux dits « à l'œil serpentin » à cause de la bande sinueuse terminée en volute qui souligne leurs yeux, mais on s'apercevra qu'un seul de ces dieux a la bande labiale à crocs. La plupart des auteurs qui ont signalé cette dernière divinité l'ont confondue avec un autre dieu qu'il leur eût cependant été bien facile de distinguer. Chez celui-ci en effet, pas de bande labiale supérieure à crocs, mais une sorte de demicercle qui entoure toute la bouche et va d'au-dessus de la lèvre supérieure, en contournant les commissures, jusqu'au-dessous de la lèvre inférieure; en outre, il n'a pas deux crocs à la mâchoire supérieure mais une grosse dent (?) au milieu du maxillaire inférieur; un peu d'attention empêchera de prendre, surtout dans les pages abîmées, pour un croc supérieur le vide entre cette dent et les commissures.

Il y a donc dans les codices mayas un dieu ayant l'œil serpentin et la bande babiale à crocs, et un seul. Il ne doit pas être confondu avec celui dont la bouche est entourée d'un demi cercle, ce que nous prouve promptement l'examen des rôles que dans les manuscrits jouent ces deux dieux par rapport aux autres divinités, à la terre, aux plantes, aux serpents, aux dindons et aux autres animaux, aux points cardinaux et à leurs bêtes symboliques, au calendrier, etc. De cet examen il résultera en outre la conclusion que ce dieu, vert comme Tlaloc, protecteur du dindon comme Tlaloc, et ayant la bande labiale à crocs comme Tlaloc, est une forme maya du dieu mexicain de la pluie. Il est, lui aussi, dieu de la pluie et maître des quatre points cardinaux; il est, lui aussi, tlamacazqui, aussi bien comme donateur aux hommes et aux dieux que comme sacrificateur; lui aussi, il travaille la terre, il fait germer les plantes; etc. Il partage, il est vrai, certaines de ces fonctions avec d'autres divinités, mais Tlaloc agit de même.

Le Tlaloc mexicain et le Tlaloc maya se sont-ils développés parallèlement dans les deux contrées, c'est-à-dire ont-ils évolué séparément, sans avoir jamais eu de relations l'un avec l'autre. Il me semble que la bande labiale à crocs, cette marque symbolique commune permet de répondre par la négative et d'attribuer aux deux Tlalocs une origine commune et des fonctions communes. Que représente donc cette bande? J'oserai émettre à ce sujet une *hypothèse*. Elle représente la gueule du Cipactli, du poisson mythique dont les dieux firent la terre. C'est pourquoi dans les mss. mexicains nous voyons non seulement les Tlaloque mais encore d'autres dieux debouts, sur le Cipactli, se dressant hors de sa gueule, ayant sa gueule pour casque, etc. Je ferai d'ailleurs remarquer en passant que le nombre de ces divinités devait être primitivement moins grand; en effet, les Tonalamatl que nous avons étudiés sacrifient tous à l'amour du chiffre, au délire de la classification. Ils font jouer par exemple à tel dieu résidant dans telle partie bien dictincte de la terre un rôle dans les 4, dans les 5, dans les 6 quartiers, dans les 13 divisions, etc., du monde; en changeant de place, en quittant sa véritable demeure, il changera de couleur, il perdra des attributs et les remplacera par d'autres, etc. Il peut donc très bien se faire qu'un dieu qui dans un codex d'un autre genre que les trois examinés ne serait pas en rapport avec Cipactli, l'aurait au contraire pour support ou pour casque dans un Tonalamatl. Mais de tous les dieux en rapport avec Cipactli un seul se rattache comme lui à la terre et aux eaux, c'est le dieu que l'on pourrait qualifier lui aussi d'altepetl, Tlaloc. C'est donc lui qui empruntera à la Terre primordiale, à la Terre mêlée à l'Eau, sa gueule caractéristique de dragon. Le même emprunt a pu être fait par le Tlaloc maya, au Cipactli maya à *Ymix*. Si on voulait de là conclure au parallélisme de l'évolution des deux Tlaloc, ce serait reporter l'origine commune plus loin, aux deux Cipactli; or pour ces derniers, l'étude des divers calendriers de la Moyenne-Amérique ne laisse aucun doute. Je ne pense pas d'ailleurs que l'on soit obligé de reculer si loin dans le temps.

Occupons-nous maintenant du signe? Cette expression n'a

plus exactement le même sens quand on passe de la très rudimentaire écriture mexicaine, qui ne permet que la représentation (souvent par rébus) de noms propres de personnages ou de localités. Le Tlaloc mexicain n'a pas de signe graphique particulier. Comme il est dieu de la pluie il se rapporte naturellement au jour Pluie et comme il a aussi le surnom Pluie, c'est parfois par sa tête que l'on représente ce jour. Nous savons au contraire que dans les manuscrits mayas chaque dieu a un nom que l'on peut retrouver dans des phrases; on peut même, et cela se conçoit nettement, retrouver ce nom dans d'autres phrases sans que le dieu soit représenté dans les petites scènes figurées qui accompagnent celles-ci.

Si le lecteur ouvre le Codex Cortesianus, il y trouvera page 4 *a*, ligne 1, 2ᵉ signe, — page 5 *a*, ligne 1, 3ᵉ signe, — page 6 *a*, ligne 1, 2ᵉ signe [1], le signe du dieu maya qui nous occupe. La plupart des signes hiéroglyphiques et un grand nombre de signes hiératiques sont des profils humains; ils diffèrent entre eux par un détail de l'œil, de la coiffure, de la bouche, des dents, etc. Notre signe diffère des autres par l'œil. Tout d'abord remarquons qu'il n'est pas figuratif. En outre comme nous ne le rencontrons pas dans un autre groupe de signes que celui qu'il forme avec son même suffixe, il ne doit pas être phonétique. Ce signe, ou plus exactement l'œil de ce signe est donc l'idéogramme du dieu. Sur ce qu'il signifie je n'ose encore émettre des hypothèses [2].

1) Je cite ces trois pages, le signe étant très gros et ayant des compagnons, connus.

2) En note seulement, pour mieux en indiquer le caractère très hasardeux, j'énoncerai l'hypothèse suivante : « L'œil du signe symbolise la pluie ». Je sais bien que la pluie est représentée par le signe de jour Cauac : voûte du firmament, nuages, chute d'eau. Dans notre signe ce serait le ciel vidé; ce qui m'a inspiré cette très vague explication, c'est que dans des codices mexicains des personnages semblent perdre leur globe oculaire (pleurer?) et celui-ci laisse au-dessus de lui un espace vide absolument semblable à l'œil du signe que nous étudions. Hypothèse plus probable : l'œil est un vase renversé, à bouche étroite.

Enfin, quel est le nom maya de notre dieu ? La question, très difficile en apparence, est, peut-être très simple à résoudre. La difficulté vient surtout de ce que nous ne savons que fort peu de chose sur les divinités (noms et fonctions) de l'Amérique Centrale et tout spécialement du Yucatan ; nous n'avons en effet sur le panthéon maya qu'une liste plutôt courte, et presque sans aucune explication, de noms assez compliqués, et cela à quelques exceptions près. Soit par les récits de Landa ou d'autres auteurs, soit par les Livres de Chilan Balam, soit même par le Popol Vuh, nous possédons un petit tas, bien petit il est vrai, de renseignements sur tout un groupe de divinités se rapportant aux vents, aux pluies, à la terre, à l'orage, aux quatre points cardinaux ; je veux parler des *Bacabs*, dont le nom intraduit jusqu'ici contient certainement *Cab* « terre », et de leurs aides ou successeurs, les Chacs[1] « géants » et les Balams[2] « tigres »[3].

Ce mot Bacab est-il donc vraiment intraduisible ? Nullement. Ouvrons le *Diccionario de la lengua Maya* de Pio Perez. Nous y trouvons :

Bac : derramar agua por vasos de boca angosta. Desusado.

Cab : tierra, como en *kancab*, chicab. || El mundo, como en *yana cab* otro mundo, *yahalcab* amanecer, *yokol cab* en el mundo, y en otras locuciones semejantes tiene dicha significacion.

Mais ces vases à bouche étroite, nous les connaissons très bien. Ce sont ceux· dont en maintes pages des codices mayas

---

1) *Chac* n'était en réalité qu'une épithète appliquée aux Bacabs. Depuis la conquête espagnole, sous un mince vernis chrétien ont survécu les anciennes croyances, avec certains changements, et pour les dieux des points cardinaux l'épithète s'est entièrement substituée au nom. Je rappellerai la statue trouvée au Yucatan et représentant un dieu de la pluie et que l'on a baptisée Chac-Mol.

2) Les Balams, qui jouent un rôle très important aujourd'hui dans les croyances indigènes étaient des animaux sacrés rattachés aux Bacabs.

3) On peut ajouter les noms kichés de Hurakan « le Géant » et de Cabrakan « Géant de la Terre ».

4) La panse est renflée et le bord assez large, mais le col étroit diminue la force du courant.

notre dieu se sert pour arroser la terre ; ce sont ceux dont dans les manuscrits mexicains Tlaloc se sert de même ; ce sont ceux que le Livre d'Or et Trésor Indien appelle *alcancias* et avec lesquels dans Tlalocan les tlaloque puisent l'eau des grands bassins pour la répandre ensuite sur la terre.

Je crois donc être nettement en droit d'affirmer :

1° le dieu vert, à œil serpentin et à bande labiale à crocs, est le correspondant maya de Tlaloc ;

2° il est dieu de la pluie, des points cardinaux, et des subsistances ; il est un tlamacazqui divin ;

3° son signe est un profil ayant pour œil une sorte de T évidé ;

4° il s'appelle *Bacab* ;

5° ce nom signifie : « celui qui verse de l'eau sur la terre avec un vase à bouche étroite ».

Une dernière question reste à discuter. Ce dieu est-il quadruple ? Est-il au contraire unique comme Tlaloc ? Des descriptions que nous ont laissées les auteurs, il semblerait qu'il y ait eu quatre Bacabs. Or nos codices ne nous en montrent souvent qu'un. Je pense qu'il y avait un Bacab et des bacabs secondaires comme il y avait un Tlaloc et des tlaloque. Les quatre noms différents donnés par Landa ne diffèrent que par l'épithète colorée ; or le même Landa nous dit qu'il y avait « un dieu » des Uayeb-haab et il nous donne quatre noms qui diffèrent par la couleur [1]. D'ailleurs si l'on avait la preuve qu'à l'époque de la conquête espagnole Bacab était quadruplé, ceci reculerait peut-être la date de la composition de nos manuscrits, chose qui ne semble pas très probable [2].

1) Cf. mes *Manuscrits précolombiens*.
2) Pour plus de détails, cf. G. Raynaud, *Tlaloc et Bacab*.

ERNEST LEROUX, ÉDITEUR, 28, RUE BONAPARTE, VI

PUBLICATIONS COURONNÉES
Par l'ACADÉMIE des INSCRIPTIONS et BELLES-LETTRES
en 1907

Prix Gobert

ROLES GASCONS, transcrits et publiés par Charles Bémont.
Tomes I à III et Supplément. In-4 .... 70 fr.

Antiquités de la France
Première médaille

LES ENCEINTES ROMAINES DE LA GAULE, étude sur l'origine d'un grand
nombre de villes françaises, par Adrien Blanchet. Un beau volume in-8,
nombreuses figures et planches .... 15 fr.
Angers, Antibes, Arles, Avignon, Autun, Auxerre, Beaune, Beauvais,
Besançon, Bordeaux, Bourges, Chalon, Chartres, Dijon, Évreux, Fréjus,
Langres, Le Mans, Lillebonne, Lyon, Mayence, Melun, Namur, Nevers, Nîmes,
Noyon, Orléans, Paris, Périgueux, Poitiers, Rennes, Rouen, Senlis, Sens,
Soissons, Tongres, Toulouse, Tours, Trèves, Troyes, Vienne, etc., etc.

Antiquités de la France
Deuxième médaille

PREUVES DE LA MAISON DE POLIGNAC. Recueil de documents pour servir
à l'histoire des anciennes provinces de Velay, Auvergne, Gévaudan, Vivarais,
Forez, etc. (ixe-xviiie siècle), par Antoine Jacotin, archiviste de la Haute-
Loire. 5 volumes in-4, avec tableau généalogique, vue du château de Polignac,
etc. .... 150 fr.

Prix Bordin

ESSAI DE BIBLIOGRAPHIE JAINA. Répertoire méthodique et analytique des
travaux relatifs au jaïnisme, par A. Guérinot. In-8, 9 planches ... 25 fr.

Prix Loubat

LA LETTRE ET LA CARTE DE TOSCANELLI sur la route des Indes par
l'Ouest, adressées en 1474 au Portugais Fernam Martins et transmises plus
tard à Christophe Colomb. Étude critique sur l'authenticité et la valeur de ces
documents, et sur les sources des idées cosmographiques de Colomb, suivie
des divers textes de la lettre de 1474, avec traductions, annotations et fac-
similes, par Henry Vignaud, premier secrétaire de l'ambassade des États-Unis.
Gr. in-8, 2 planches .... 16 fr.
— Le même, sur papier de Hollande .... 20 fr.

Prix extraordinaire Bordin

HISTOIRE LITTÉRAIRE DE L'AFRIQUE CHRÉTIENNE, depuis les origines
jusqu'à l'invasion arabe, par Paul Monceaux, professeur au Collège de France.
— Tome I. Tertullien et les origines. In-8 .... 7 fr. 50
— Tome II. Saint Cyprien et son temps. In-8 .... 7 fr. 50
— Tome III. Le IVe siècle. — D'Arnobe à Victorin. In-8 .... 10 fr.

ÉTUDES SUR L'HISTOIRE DE LA LITTÉRATURE LATINE DANS
LES GAULES. — TOME I. LES DERNIERS ÉCRIVAINS PROFANES.
Les Panégyristes. — Ausone. — Le Querolus. — Rutilius Namatianus,
par René Pichon, docteur ès-lettres. Un volume in-8° .... 7 fr. 50

ANGERS. — IMPRIMERIE A. BURDIN ET Cie, 4, RUE GARNIER.

www.ingramcontent.com/pod-product-compliance
Ingram Content Group UK Ltd.
Pitfield, Milton Keynes, MK11 3LW, UK
UKHW021623130726
13696UKWH00005B/2028